La grâce du quotidien

Sophie Guénin

La grâce du quotidien

Carnets de voyage intérieur

Édition : BoD · Books on Demand,
31 avenue Saint-Rémy, 57600 Forbach, bod@bod.fr
Impression : Libri Plureos GmbH,
Friedensallee 273, 22763 Hamburg (Allemagne)
ISBN : 978-2-3225-6123-0
Dépôt légal : Mars 2025

L'automne.

Je déguste l'infini dans la saveur d'une tasse de thé. Je me sens de retour, mes projets-feuilles se déposent dans le compost du présent.

Être ici ce matin est un travail à temps plein. C'est revenir d'un alourdissant voyage, instant après instant.

J'arrive.

Respirer.

Une grâce.

*

Aujourd'hui prend tout le temps du monde pour se lever.

Ma nuit se réveille en douceur, s'habille lentement pour la journée à venir.

Un mouvement et un repos qui s'étirent.

L'air gris est léger comme une brume.

Rien ne presse le voile blanc qui enveloppe la montagne.
Elle disparaît dans une acceptation majestueuse.
Une leçon de vacuité.

Devant moi, l'école du vide.

*

Ce matin est une enjambée d'un jour à l'autre. Entre les deux, des draps assoupis par l'attente tranquille d'une nuit sans sommeil. Mon corps, encore enveloppé d'éveil nocturne, déplie les jambes et les bras de ses rêves.

La nuit, définitivement fatiguée de combattre le sommeil, a déposé les armes.

La fatigue a le droit à sa paix elle aussi.
Je remarque la douceur pétillante du givre cristallin.

En me levant, j'ai emporté l'oreiller. Ses plumes amortissent le bruit des pensées qui voudraient se poser dans mon esprit. Alors elles repartent, découragées de n'être pas écoutées.

Il ne reste plus que la douceur d'un oreiller endormi dans un bonheur-plume.

Une orange parfume la cuisine, la soirée sera douce.

*

Jour de ménage. Lessive. Relecture.
Vider, faire de la place. Besoin d'espace.
Jour spacieux !

*

Ce matin vibre.
Il est sensible et doux.
Le rire y est silencieusement présent. Sans éclat, juste un scintillement qui circule dans ma gorge.
Un filet d'eau de paroles claires danse dans le ruisseau de ce jour léger.

La brume de décembre grisaille la montagne. Quelques trouées rousses me font de l'œil.

Rester dans cette brume, m'enivrer de ce blanc laiteux dont la luminosité entre maintenant par la fenêtre du salon. Cette fenêtre blanche qui ne parle plus que de lumière. J'erre dans mon espace intérieur, je me sens en transhumance. Je m'apprête à quitter la maison de La Roche.

Une tristesse s'égare dans un silence qui ne veut plus bouger, alors que l'aveuglement lumineux dissout totalement la noirceur de mon esprit.

Voilà que la tristesse est sortie par une simple fenêtre ouverte sur le monde du ciel, de l'arbre, de la brume et du soleil !

*

C'est curieux, à mon âge, d'arriver sur la place centrale de ma vie dans un rien qui se déroule entre un thé et une touche d'ordinateur.

Un rien qui laisse place à un tout.

Un tout qui laisse place à un rien.

Un espace qui laisse entrer l'espace, indéfiniment.

Qui le rend toujours neuf, toujours différent.

Un espace qui ne cherche ni à exister, ni à produire, ni à grandir, ni à rien du tout.

Un espace qui ne change pas, et pourtant se renouvelle à chaque inspire.

Et disparaît à chaque expire.

Ce vide me repose.

Je suis fatiguée de m'être si longtemps tenue agrippée sur le rebord d'une faille. À présent, j'apprends chaque matin à me laisser glisser au-dedans. C'est doux. Parfois vertigineux. Assourdissant de silence et de paix. La caresse de l'amour-lumière, comme des ailes, me fait voler.

*

Dans la détente, le calme. Dans le calme, le repos.
Dans le repos, le recul. Dans le recul, la clarté.

Dans la clarté, la paix. Dans la paix, le silence.

Le silence, doux et brutal. Le silence qui vide en un rien de temps le tout accumulé jusque-là. Il brûle les châteaux construits, fait fondre les échafaudages, les cuirasses et les remparts défensifs.
Tous ces vieux habits qui me définissent habituellement.

Je disparais, fondue, illuminée. Il ne reste rien. Dans ce rien habité qui me respire, je me sens aimée.

Une journée naïve et bleue est en train d'éclore dans le givre du matin.
Libre, elle souffle dans mes narines un air frétillant.

Elle me désire en joie !

*

Eloge de la simplicité, revenir à la maison de La Roche, en Corrèze.

Le feu, le bois, les pierres, le froid, le chaud, Yves, le voisin, Didier et moi, ensemble, ici.

Des choses simples.

Des choses vraies.

Des trésors.

Il y a dans cette maison un hôte qui ne fait pas de bruit.

Le silence.

Il nous accueille avec générosité, attentif et enveloppant.

Même le feu crépite doucement, pour ne pas le déranger.

Le silence habite ici.

Il y vit.

Je me retrouve.

Peu de distractions. L'agitation s'est depuis longtemps perdue dans les pierres.

Celles taillées par la main de l'homme, et celles qui ont dévalé la pente sauvage qui descend à la rivière.

Quelles stimulations extérieures, sinon le vol ahurissant des hirondelles ?

Yves arrive à l'impromptu avec un cadeau : sa joie de nous voir revenus !

Par le carreau embué, un rayon de soleil vient tapisser le ciel des pierres de taille.

Ici la vie est simplement, brutalement, préservée. Dans ses craquelures, dans ses brisures, dans tous ses manques. Le rien peut advenir. Un bonheur entrera par effraction, à tout moment.

*

L'ami-e est une fête qui résonne jusque dans le corps. Parfois solidement.

L'ami-e, est aussi montagne, à sa façon d'être là, au loin, et pourtant toujours près, étant tout à la fois le sommet, les flancs et les pentes.
Montagne habillée de forêts, de projets, de bosses et de creux, ravinée par des coulées sombres devenues lu-mières.

J'ai un ami qui danse avec tout ça, qui chante avec tout ça, et qui emmène la montagne de son pas décidé. Car finalement, c'est elle qui le suit.

Il est celui qui sonne présent. L'ami mémoire. Celui qui vit plus loin que vécut mon père, comme un prolongement de son âme dans mon présent.

Ainsi est l'amitié quand elle vole au-dessus des falaises ajourées de nos existences.

Des rubans doux qui nous maintiennent hors des intempéries de nos vies affairées.

Amie, ami, toi qui es une vivante, toi qui es un vivant,
Pour moi, tu es un présent.

*

Arrivée de l'hiver.

Hier, à Novalaise, tout est blanc.

Ici, à Annecy, l'automne n'a pas encore cédé, il est à bout, mais il tient. Solide et fragile comme un marron glacé.

Les fleurs, chez moi, sont pourtant de retour.

Magnifiques coquelicots de soie achetés hier. Taches de
tissu rouge dans l'or transparent des monnaies du pape.
Elles siègent en souveraines dans un vase citadelle de
verre vert pomme. Royales. En contrebas fleurit soudain
une orchidée blanc rosé, contorsionnée vers un filet de
lumière indirecte.
Elle prend racine dans un pot bleu azur posé à même
l'étagère en sous pente.
Bourgeoisie de village.

Ces fleurs murmurent silencieusement l'éphémère habit
qu'est la vie. Le vulnérable habitacle qu'est mon corps.
Mon décor. Le fragile équilibre du théâtre de la scène
quotidienne.
Elles respirent devant moi l'éternel souffle de l'absolu.
Sans effort.

Un magistral rappel d'Être.

*

À cette page blanche, je dis ce matin : tu me donnes beaucoup de travail.

Ne pas te remplir de moi. Ne pas t'enlaidir. Ne pas te noircir de mes mots morts.
Vouloir le cri silencieux de ton désir. Te laisser venir. Ne pas tirer, ne pas pousser, ne pas chercher.

Me rendre. Entendre l'encrier de l'agitation brandir ses phrases. Ne rien faire, ne rien répondre. Laisser au compost les feuilles déjà mortes sous le poids de trop d'encre inutile. Accepter que tu m'emmènes dans le théâtre confus de mes craintes et de mes peurs. Glisser sur la toile lisse de ta blancheur vide, ne m'accrocher à rien. C'est là que je te trouve. C'est là que tu es. Aimer ce moment où nous nous rencontrons, toi et moi. Te laisser la place et quand tu la prends toute, m'abandonner à ton histoire.

La pieuvre de mes pensées : un poulpe intelligent aux innombrables tentacules.
Il cherche à tout moment à prendre possession de moi.
Chaque tentacule est pensée réitérée, concept, injonction, jugement, bref, un poids qui me tire vers le bulbe

central qui se nourrit de cette agitation. Même ma bouche se tord, elle semble dire « délivre moi de cet imposteur tentaculaire ».

S'il te plaît, page blanche, reste blanche. Apprends-moi à te voir, à t'entendre, à te laisser vide de ce qui n'est pas moi mais qui prend possession de moi, pour que seule ta beauté spacieuse soit visible.

Ce jour s'est finalement levé. Il se dresse en un creux, au sein duquel je peux m'asseoir pour un repos.
Blanche, la lumière de la vitre se détend.
Elle vient choyer le tout petit, le banal, le tout simple, le galet gris d'un quotidien qui se réveille.

Et c'est là que tu te présentes.

Etonnée, je te vois. Et tu ne sers à rien. Inutile. Fertile.
Tu sers la splendeur d'être, dans le rayonnement doux de la faiblesse.

*

J'apprends à perdre du temps. À sortir de la course.

J'entre en temps-fleur.

C'est fou comme ça change ma perception. Dans le temps-fleur, plus de prédation. Une libre immobilité.

Les fleurs prononcent toutes les lettres de chaque mot, avec distinction. Elles s'expriment très clairement.

Dans le temps-fleur, chacun vaque à son activité, sans se déranger. On ne se pousse pas, on ne se tire pas, on danse ensemble, avec force et délicatesse.

Dans le temps-fleur, on sait respirer, à plein poumons. On geint, on se plaint, on trébuche, on se plie, on vole, on se cabre. Mais toujours, on reste vrai avec tout ça.

On vit. Et on continue à vivre.

C'est tout.

C'est simple.

Parfois même, on vit tout tordu, et parfois on vit tout droit. Parfois on se courbe, et puis on se redresse.

On n'en fait pas toute une histoire.

On se raconte le soleil, la lumière, le chat, la musique, la soif, la faim.

Et on fleurit quand c'est le temps de fleurir, on pourrit quand c'est le temps de pourrir.

On ne s'étonne pas de cela.

Dans le temps-fleur, on se donne au temps. L'espace d'un rire rougeoyant ou d'un sourire rosé.

Dans le temps-fleur, chaque temps-pétale fait un pont temporel vers l'infini, qui semble nous dire : « Qui veut monter ? »

*

« Habiter poétiquement le monde ».

Ce titre m'inspire un autre titre : « Habiter soyeusement le monde ».

Alliance de douceur, de spiritualité, de joie et de poésie.

De retour de deux jours festifs. Rencontre avec des personnes chères à mon cœur.

Mais un grand besoin de silence à présent.

Pour intégrer tout ce flot d'émotions, de rencontres, de regards, de joues, de mains, de souvenirs, de vagues de l'âme.

Je réalise combien il me faut d'heures de rien pour inté-
grer tout ce plein.

Combien il me faut de silences, pour entendre se déposer
au fond de moi ces serpentins de paroles jetés amicale-
ment çà et là.

Ce joyeux brouhaha couvre encore le murmure de mon
âme.

Revenir, pas à pas, à sa transparence.

*

Retrouver l'inspiration. Le réel. Sortir du moi personnel,
toujours malade de quelque chose.

Difficile tâche. Embourbée depuis trois jours, j'oscille.

*

Nuit de douceur et de tourments digestifs.
Matin frais, rose, gris, argenté, embué.
Sur la chaise, les draps parfumés de soleil et de paix, pliés
dans le simple présent.

En dessous, les vêtements froissés d'un passé posé à terre, en attente d'un tri éclairé. Un dépôt coloré d'histoires qui remontent en surface, comme pour dire :« quelle est la suite, où vais-je maintenant ? ».

Certains seront recyclés au placard de l'utile ou du renouveau, d'autres partiront en voyage, dans d'autres mains accueillantes.

Au jardin, la lumière sur la façade jaune étale un goût de mangue fraiche.

Un repas de fête s'annonce.

Dans la maison, les babillements de l'enfant dans son lit, le chat qui dresse une oreille distraite, puis qui se repose.

Une douce excitation se réveille, avec patience.

La maison tousse par endroits, mais les lits restent encore bien au chaud, les oreillers tendent une oreille toute froissée de sommeil.

Le sapin attend.

Son heure va bientôt sonner. Il clignote de ses couleurs enchevêtrées en tricotant les dernières minutes qui abritent les cadeaux impatients. On dirait une mère poule avec tous ses poussins prêts à sortir du giron maternel.

Une anarchie bien organisée sous les jupons épineux et scintillants de mère sapin.

Le ciel chante le jour, dans un bleu lumière. La joie se lève, finalement matinale. Le silence est doux, mon estomac au repos. L'heure où l'on ouvre les cadeaux respire dans un présent soulagé d'être enfin arrivé. Á bon port. Maintenant.
L'espace, léger, s'ouvre dans le ciel-lumière de Noël.

*

La soirée s'allonge, doucement, lasse et tranquille.
Les mots joyeux sont rentrés dans leurs demeures respectives.
Le calme retrouve son espace et son repos.
Un silencieux scintillement, plus subtil, peut éclore.
L'orchidée blanche rosé a fleuri de trois nouvelles fleurs.
Comme une surprise, le bouquet du haut, altier.
La branche basse, trois fleurs au ras du sol.
Rappel du tout petit, du fragile, du simple.
À nu, dans chaque fleur.

La paix n'est pas l'absence de guerre ou de conflit. La paix est une Grâce.

Une fleur offerte par sa main, quand elle apparaît.

La paix a sa vibration propre, son odeur, sa couleur, sa saveur, son toucher.

Elle n'a rien d'une absence.

Elle est un manque vidé jusqu'à l'os, un saignement sans révolte, un cri sans appel, une faiblesse offerte, une terre vierge sans labeur ni labour, que la Vie peut enfin habiter de son soleil d'amour.

La paix n'advient que lorsqu'elle n'est plus espérée.

Elle est une abdication. Sans négociation. Elle ne s'impose pas. Elle n'impose pas. Pas même elle-même.

Elle sait qu'elle n'est qu'extrême faiblesse, fragilité sans nom, transparence insaisissable.

Elle est ce qui reste quand le bruit des pensées a tout avalé. Un désert de concepts où coule un ruisseau de lumière.

L'orchidée ce matin me regarde avec compassion.

Elle si forte dans son immobilité silencieuse.

Moi si fragile dans mon agitation mentale.

La vie en robe blanc rosé, dans son fleurissement matinal.

*

Blancheur d'un matin de nuit courte. Dans la faille, de la blessure du manque de jour et de sommeil, prier.

Ouvrir la porte des étoiles.

Au-dessus de la tête, recevoir la bénédiction.

L'amour lumière, encore et toujours.

Plus que des mots, une vibration connue.

En robe blanche, le langage du cœur, comme une eau pure au-dessus de ma tête.

Le cœur défroissé, le visage rafraîchi, mon corps se délie lentement d'un hier de pierre.

*

Daniel, un ami cher à mon cœur, m'a offert un cadeau de nouvelle année. Cinq mots, trésors dont l'assemblage devient un mantra : « J'ai de la chance ».

Je garde mon trésor au fond de mon âme-cœur, en un murmure vivant.

Didier entre dans la demeure, les bras chargés de bois pour le feu. Notre feu.

La robe de ce jour nouveau est de rose, de bleu, de blanc. Douceur, lumière, amour. Le chant de mon âme danse ici, tendre et intense, dans sa folie grandeur nature.

Ici son chant est partout, dans les pierres, dans le sol, dans les cendres, dans les bois et les rivières.

Le voisinage, amical édredon empli de légèreté et de chaleur douce. Prendre soin.

Soirée étoilée de silence fraternel, par endroits animée de constellations festives.

Dans la ruelle Du Barry du Bos coule une humanité qui se vit et qui se donne.

*

L'épaisseur délicate de ta présence s'est glissée dans l'interstice de ce matin doux.

Amour-lumière, langage du cœur, se glisse dans les failles du monde.

Hier, nous sommes chez Sonia, notre voisine. Elle fait chanter un bol tibétain.

Ta présence qui se confirme. Un bain de toi, partout, toujours.

*

Le petit chat respire tout contre mon ventre. Il ronronne.

Une paix. Soyeuse et sauvage.

Le poids de la vie, si léger dans une respiration.

L'orchidée fragile et souveraine observe la toute-puissance de l'animal au repos.

Un concert silencieux, habillé de blanc et de dénuement.

Un parfum.

L'amour en plénitude.

*

Aujourd'hui, les enfants.

Rires, histoires, babillements, lectures, cuisine, chants, promenades sous la pluie.

Florilèges de paroles, grâces de l'enfance.

Journée intemporelle, allongée dans la plénitude d'une vive innocence.

Ne pas fuir la pesanteur du corps.

Dans la douceur du jour, l'intensité d'une réalité déposée dans le calme.

Un éveil doux, profond comme une vieille pierre.

L'immensité du roc collé au réel, sans discussion.

L'absolu cristal brut d'une journée sans objet.

Le sapin décline, sous le rire clinquant des boules de verre et de pacotille.

La guitare chante l'odeur du pain brioché sous le regard lumineux des guirlandes. Fidèles.

*

Aimer, aimer soi.

Se tourner irrémédiablement vers l'intérieur.

Cesser l'évitement vers l'extérieur.

Trouver l'autre en soi.

L'altérité commence ici. Juste ici.

Pas ailleurs.

Pas d'autrui si ce n'est cette part de soi invisible à l'œil et
à l'oreille.

Lâcher les « je sais » les « je connais » les « je veux savoir »
les « je veux comprendre ».

Oser le rien, le vide, le « sans » plutôt que le « avec ». Lâ-
cher le « faire pour », oser le « faire sans ».

Oser même le « faire » seul, dans le dénuement de raison
et de projet, dans la plénitude vidée de l'attente de résul-
tat.

Être là.

Sans apparats, sans réassurances à propos de mes peurs
nourrissant mes défenses.

Être là dans la nudité de mon corps, cœur désarmé, vidé
de ses coques résistantes, de ses cuirasses mémorielles,
de ses armures défensives.

Être là dans l'esprit d'enfance, marchant sur le chemin sans armes.

Être là en un flux d'énergie, d'affection et d'amour.
En une inspiration, limpide comme une source claire, légère comme un nuage blanc, solide comme du roc de granit, souple comme de l'érable rose.

Et apparaître.
Quand « je qui se plaint » disparaît, dans une abdication.

Être là guide mes pas.
Être là est ineffable.
Être là est atteignable.
Être là est ma demeure.

*

Janvier se déplie de son enveloppe de brume. Un rayon de lavande parfume le cœur et l'âme de providence et de douceur. Je suis devenue poreuse au rayon de l'amour. L'amour n'a besoin de rien pour aimer.

Il est un soleil sans nuit, sans froid ni chaud, sans creux ni bosse, sans vent ni tempête.

L'amour est un infini qui se donne, simplement, maintenant.

*

Rencontre de paroles et de couleurs, vives et douces.

Une amie entre dans ma vie.

Sur les rives de nos cœurs qui se dévoilent, l'affleurement de l'autre.

La demeure de nos partages, pièces emplies de bleu et de blanc-lumière.

En immersion l'amour, encore, ici, toujours, maintenant.

Nous avons dansé sur les toiles de nos vies couleur disco-folie.

Les lumières colorées se sont posées dans nos cœurs avant d'atteindre nos toiles préalablement blanchies de nos élans joyeux.

La joie de la peinture a dansé sous nos doigts, alors qu'un délicat mystère illuminait l'instant et dessinait des chemins.

J'ai voyagé en fluidité dans les notes sensibles d'une âmie- étoile.

Rien ne se décide, tout jaillit, affleure, dans un dédale d'ombre et de lumière.

Je rends grâce à la cité de cristal, de pierre et de bois, qui fut ma demeure pour ces quelques jours.

Qu'il est doux d'avoir une amie à visiter sur cette terre.

*

Ce matin, je dépose mon corps sur le velours d'un coussin. Mes yeux sur la flamme vivante d'une bougie de cire.

Mon cœur dans les bras silencieux de la vie.

Sans rien me demander en échange.

Même pas de faire silence, même pas de méditer, même pas de me calmer, même pas d'être en paix, même pas de ne plus penser, même pas de ne pas pleurer.

Je dépose le costume subtil de mes injonctions et de mes jugements, le masque calme de mes effrois silencieux, le trousseau clinquant de mes idéaux.

Et de tout mon poids, je me dépose.

Dieu que c'est lourd, ce matin !

Puis je ne fais plus rien.

Je n'exige rien, je ne veux rien, je ne donne rien, je ne
prends rien.

J'observe.

Dans la ferveur d'être là, j'observe.

Mes yeux fermés.

Mon cœur ouvert.

J'observe la lenteur.

Puis la détente d'un corps enfin aimé.

Je disparais dans l'écrin du vide que je te laisse.

Ta douceur me saisit.

Je m'émeus de tant de grâce.

*

M'asseoir.

Au jour levant sur un matin banal.

Rester dans la nuit, ne pas réveiller le bruit des mots qui
pensent.

Dans la lenteur de ces minutes gagnées de lumière, paci-
fier des années de tyrannie de soi.

Vider les larmes portées en bandoulière depuis une enfance de guerres sans obus ni cartouches.
Franchir la ligne et tout déposer à terre.

Observer.

La méditation silencieuse de la bougie ou de la fleur,
Je m'observe disparaître.

Restent sur le coussin quelques lambeaux.
De vies passées. En décomposition.
Je m'observe.

Dans le creux fertile du non faire, l'aube ruisselle et me saisit par le cœur.
Déposer en offrande les armes de mes malheurs.
Je suis assise à l'infini.
Un rien aveuglant m'enveloppe.
Dans ce jour aimant.

*

Dans ce matin encore sombre,

une tendre sincérité éclaire la nuit de sa flamme chaude.

Respirer.

Sans « il faut » sans « je dois », sans « mieux » ni « moins

bien ».

Simple, mais pas si facile.

Me revient alors le mantra : « j'ai de la chance ».

Sur son rebord, j'attends un peu, puis je le laisse entrer,

pour voir.

Je ne fais rien de plus.

Tambourinent alors les oui, les non, les oui mais, les par-

fois, les peut-être, les je vais y réfléchir, les pas du tout,

les c'est vrai, les c'est faux.

Je prends le tout sans faire le tri.

Je ne m'occupe pas de tout cela.

J'entre doucement dans le pays de « j'ai de la chance », je

le visite patiemment.

Et j'accueille.

Les argumentations, les délibérations, les justifications,

les remises en question.

Je ne réponds à rien.

J'observe.

J'observe flamber ce feu de cheminée où se consument toutes ces pensées, papiers usés.

Tendrement, j'observe.

Je me laisse aller dans les circonvolutions de mes lamentations.

Je me laisse déposséder des oripeaux de mes plaintes.

Je prends des vacances de ces pensées-là.

Et je respire.

Assise dans le pays de « j'ai de la chance », mon cœur est heureux.

*

Passage subtil entre les limbes et le réveil.

Ce matin je m'assieds au pied de ma nuit.

Sans la réveiller.

Les paupières fermées, j'ouvre grands les yeux sur mon jour intérieur.

Je m'éveille.

Entre dehors et dedans, un fin tissu qui se dévoile dans la faible lueur du jour.

Attentive à l'apparition de mon souffle, j'accueille ce matin, gorgée après gorgée.

Rien ne presse.

La lenteur libère le corps et le temps qui peuvent alors entrer dans ce jour.

Sans pesanteur.

Lumineux d'éternité.

Puis tu apparais, toute simple, dans une joie qui me respire sans effraction, en filigrane de tout.

Imperceptiblement tu entres.

Aujourd'hui encore, vie, tu me veux.

Vivante.

*

La constellation de nos âmes fraternelles brille en ce matin de gris, de blanc et de neige froide.

Être, c'est parfois se taire.

Pour entendre parler les pensées.

Alors être, c'est agir.
Pour cesser de leur répondre.

Être, c'est finalement s'amuser de tant de simplicité !

*

M'asseoir avec le chagrin, le doute, la frustration, la colère.
Prendre place au cœur du flot de pensées, y déposer tout mon poids de tristesse et de blessure. Jusqu'à y faire mon nid.

Assise là, au milieu de ce méli-mélo, laisser saigner les mots, les observer se vider de leur substance, devenir blancs, puis de plus en plus lointains, s'en retourner dans leur pays de guerre et de sang.
Touchée au cœur, ma sensibilité libère, comme un pollen, ce qui en moi s'est cru fragile.

Je respire un air frais que je m'autorise, légitime, à prendre en abondance.

J'autorise ma vie aussi à être comme elle est, vidée de ses attentes, vidée de ses espoirs, vidée de ses croyances et de ses illusions.

Je respire un air frais qui m'affranchit des vieilles histoires que racontent les pensées que j'attire à moi, à la façon d'un disque rayé.

J'abandonne ce vieux sac à dos plein des jugements que je m'octroie, plein de ce désamour de moi.

Et je respire,

L'air frais de ma vie, juste ici, maintenant.

J'ose, être libre.

J'ose, être.

Je cesse de m'enfermer dans ce que je veux garder.

Ma liberté, c'est ce que je donne.

J'autorise culpabilité et chagrin à s'enfuir et le doute à s'éclipser.

Je ne retiens plus personne.

Je respire.

Le cœur ému de tant de fragilité.

*

Le petit chat s'est assis là. Immobile.

Ce matin sur mes genoux, son ronronnement soyeux berce l'instant.

Dans mon esprit, les mots arrivent puis s'effacent.

Peu sont utiles.

Apprendre à me taire de ces mots inutiles.

Je quitte les mots et leur royaume.

J'entre au pays de « je ne sais pas ».

Peu rassurant.

Dans mon ventre le souffle, chaud et vivant.

Rassurant.

J'arrive « en respiration », comme on débarque dans une contrée nouvelle.

D'abord j'y promène mon attention, j'observe ses paysages de ressentis variés.

Puis je m'y assieds.

Délicatement, posément.

L'inspire affleure, l'expire affleure.

Aérés, mes poumons s'ouvrent comme des ailes.

Respirés par le souffle, mes nuages de savoirs sont dissous.

Une paix aimante se fond dans ma poitrine.

Mon corps se détend, il s'allonge dans ton souffle doux.

Au pays « respiration », je me sens bercée, comme une enfant.

*

L'immuable

Fleurit

Dans un silence

*

Recevoir ce n'est pas prendre, ce n'est pas chercher, ce n'est pas donner, ce n'est pas penser, ce n'est rien de tout cela.

Recevoir, c'est quand je sors de l'antre de la peur, de nos peurs, de toutes peurs.

C'est quand je dis oui par ma peau, par mon corps, par mon cœur.

Recevoir est un état d'esprit.

Recevoir est un art.

Ce matin j'écoute.

Par ma sensibilité.

Je ressens.

Depuis ce fond creusé par la blessure d'un manque d'amour.

Je ne me crispe pas, je ne me plains pas, ne me fâche pas.

J'accueille ton inspire.

Émue de ta tendresse.

Je m'ouvre à ton souffle.

Puis je m'évapore lentement de ce moi, rempli de pensées en armures et de fausses sécurités.

Te recevoir est gratuit,

Mais ce n'est pas donné.

Que cela me coûte, chaque matin !

*

Dies signifie « jour lumineux », c'est l'origine du mot
Dieu.

Aimer ce moment où tout soudain je me rappelle
ce « jour lumineux ».
M'asseoir dedans.
Me blottir comme une enfant dans son berceau.
Me laisser couler dans l'émotion de me savoir aimée.
Sentir mon corps se détendre, ne plus se défendre.
Me donner, me perdre.
Dans les bras d'un amour qui submerge tout.

Me laisser être aimée avec mes défaillances.
Me laisser être aimée avec mes réactions.
Me laisser être aimée avec mes jugements.

Dans cet amour, une tendresse enveloppe ce « perfectible de moi » qui ne me définit plus.

Cela devient un jeu sans enjeux, puisqu'inconditionnellement je me sais aimée.

*

Je reviens au centre.

Je passe d'un « moi-même » extérieur, à un « je suis » intérieur.

Je me pose dans mon corps, puis, doucement, j'en sors, comme d'un duvet de plumes.

J'étire l'être-conscience que je suis, du cocon de son moi.

Je me déshabille de mes pensées, de mes mémoires et de toutes leurs histoires.

Je me réveille tendrement à qui je suis, dans ce matin lourd et léger à la fois.

Je ressens comment vibre la chair, comment chantent les émotions, ou comment elles s'étouffent.

Comment bavardent les pensées.

J'ose ne rien tenir, j'ose ne rien fuir.

Je laisse descendre tout ce fatras.

J'apprends à taire tout ce qui en moi veut faire.

Á rester tranquille dans ce fracas de vagues.

Avec patience, je lâche les débats, les combats.

Je sors du temps qui s'ennuie de ne pouvoir faire quelque chose avec ça.

Alors je m'assieds dans un repos d'enfant.

Dans un murmure de silence, mon cœur se confie et se détend.

Une joie simple me boit de son eau pure.

Je disparais, limpide, répandue dans la lumière de l'instant.

Apparaît un sourire de sagesse, aux lèvres plissées de paix.

Joie de nulle part, joie de partout, qui pétille dans le corps de mon existence.

« Aie confiance ».

*

Ce matin, la pesanteur du jour.

Je pose genoux à terre, je quitte ce qui commente, délibère, accumule, raconte, radote aussi.

J'abdique de ce règne-là.

Je me laisse respirer par le souffle, vivante.

Par vagues, légères ou profondes.

Elles m'ouvrent et me déplient, me rincent et m'allègent d'une nuit chargée de rêves.

Doucement mon corps se dilate, empli de cet amour libre qui me respire, généreusement.

J'y dépose mes rêves, mes chimères, mes commentaires intérieurs.

C'est colorée de transparence et d'air que j'arrive au pays de « maintenant ».

Assouplissant mes « je dois, il faut, y a qu'à », le tissu de mes pensées s'étiole, déchiré lentement par tant de désintérêt.

La douce pesanteur de mon corps me porte, légère.

Je m'expanse dans le non-temps spacieux.

Les sens éveillés, dans le froid de ce matin d'hiver.

Boire une gorgée de ce thé. Si simplement délicieux.

*

C'est avec mes angoisses de la nuit que je suis là ce matin.

Avec rien d'autre.

Pas même un sourire, pas même une envie, pas même le courage d'un effort.

Mon trésor est bien lourd.

C'est un chagrin-colère en forme de plainte.

Il décante depuis des heures, tourbillonne, fait des allers-retours, puis émerge à nouveau.

Perdue dans cette brume, mon esprit voilé ne trouve plus le chemin de la clarté.

Alors je m'assieds et j'écoute.

Toutes ces voix en moi.

Pleurer, hurler, geindre et se plaindre.

Un vrai théâtre où se joue une tragédie.

J'observe ce tohu-bohu dramatique qui se veut « très important ».

J'extirpe doucement mon attention.

Lentement je m'installe sur mon siège, l'air de rien.

Je continue à écouter le bavardage de mes révoltes et lamentations, mais je n'y prends plus part.

Simple spectatrice, je laisse entrer le souffle qui me berce
et me rassure.

Dans l'effondrement, je n'ai pas peur.

Je sais que cette peau-là n'est que défense, insatisfaction,

réclamation, combat, colère et lamentation sans fin.

Je la regarde gentiment s'effriter, je ne retiens rien.

Mon corps se détend, un air doux et frais me caresse la
joue.

Je n'ai plus besoin de ce fardeau-là.

Je m'allège.

*

Ce matin, rien.

Pas un mot, pas une envie, pas un désir, pas un sourire.

Rien. Juste rien.

Rien qui revient, qui tourne, qui me réclame.

C'est tout.

Alors je l'écoute.

Bien sûr, il ne se passe rien.

Pas même un bien-être, pas même un mal-être.

Rien.

Puis, une déglutition de mots traverse mon rivage, énervée de ce rien.

J'observe ce tumulte qui devient bruyant.

Des pages de rage s'écrivent sans moi, les mots livrés à eux-mêmes dans la jungle désertée de ma volonté.

Démasqués par tant d'inaction de ma part, les mots s'enfuient dans le chaos.

Arrive alors l'ennui.

Qui me dit avec sérieux que je perds mon temps précieux.

Mais il n'y a toujours rien, même pas l'envie de m'occuper de lui.

L'ennui s'ennuie tellement dans Rien, qu'il sombre dans une tristesse trop heureuse d'avoir un créneau.

Elle tente un plongeon direct avec l'image la plus sombre de ma bibliothèque intérieure, puis réessaye avec quelques funestes présages.

Mais Rien reste stable.

Rien ne veut rien, ne réclame rien, et commence à se sentir bien.

La tristesse, fatiguée d'elle-même, se lasse.

Rien s'installe alors plus confortablement.
Il glisse dans Paix, puis s'allonge dans Sérénité.

Il s'envole dans Respiration et dans Souffle.

Aérée par tout ce chahut, apparait Joie !

*

Ce matin, dès le lever, j'ai fermé le bureau des plaintes.
Voilà une posture claire.
Immédiate, sans discussion.

J'ouvre un état d'esprit de bonne humeur.
Une décision sans appel.

Timide, le rayonnement de la vie apparaît.

Encouragé par mon écoute délibérément ouverte, il s'immisce, doucement.

Charnellement.

Je le sens prendre corps dans ma peau qui se met à vibrer.

Agréablement, un élan d'amour jaillit de mon cœur :

« Je t'aime, rayonnement de la vie ! Je te désire ! Je te reçois avec joie et plaisir ! ».

Nous partons ensemble dans un voyage sensoriel, tout en vibrations tranquilles et délicates.

Vivifiante énergie du vivant, lumière pétillante.

*

Mon regard sur toi.

Avant que je ne te voie, il y a…
Comment je te regarde.

À 20 ans, je vois en toi ce que je désire.
Ce que je projette sur ton visage m'attire.

À 30 ans, je vois en toi ce que je souhaite.
Mes rêves prennent corps dans ta peau.

À 40 ans, je vois en toi ce que je veux, et ce que je ne veux plus.
Mes choix cognent sur toi pour me revenir.

À 50 ans, je vois en toi mes réussites et mes déceptions.
Mes victoires et mes désespoirs ont le goût doux-amer de ta chair.

À bientôt 60 ans, je sais que je ne te vois pas.

Alors je te cherche.
Et je reviens vers moi.
Mon regard se sépare de l'écran chimérique que je projette sur toi.

Mes yeux se tournent vers l'intérieur.
Je déterre mes attentes, mes espoirs, mes projections, mes évitements, mes illusions, mes blessures, mes souffrances…la liste est longue, voire sans fin, mais…
Je m'arrête.

Un jour, finalement,

Je ne te regarde plus.

Ce jour-là, à force de laver mes yeux, s'efface mon regard

prédateur.

Enfin, je te vois,

Et mon cœur s'émeut,

De tant de grâce fragile,

De tant de douce faiblesse,

De tant de petits riens qui naissent entre tes mains,

De tout cet invisible et transparent tissu de liens.

Alors, depuis mon cœur, je me sens aimée par tant de

simplicité.

Les yeux rincés je te regarde et je vois mon chemin.

Eclairé de toi.

De ta grâce.

Une lumière encore plus précieuse que toutes tes ab-

sences.

*

Le soleil entre dans ma maison.
Nous nous regardons, heureux.

Si heureuse que tu sois là,
A me chauffer, à m'éclairer,
La peau, l'âme et le cœur !

Sous ta caresse, je sors de mon repli.
Et de tous les plis de ma nuit.

À tant de don,
Même le noir de mon broyat infertile succombe.

Un coquelicot d'amour jaillit de mon cœur en fête.
Je ne retiens pas son cri : « je t'aime ! ».

Ma prière du jour :
Apprendre à te recevoir !

*

Je me pose dans ce matin de brouillard.
Sans attentes.

Au sol, des nuages de coton.

Dans mon regard, une éclaircie.

Entre-temps le ciel se détend, la brume descend, les
nuages montent.

Une brèche de lumière venue du fond du monde irrigue
mon âme.

Le temps prend son temps.

Habillé de joie et de printemps,

Il devient blanc, puis bleu,

Puis blanc,

Puis disparaît.

Il ne reste qu'un souffle sur mes lèvres,

Qui danse.

Il ne reste qu'un souffle sur mes narines,

Qui respire.

Il ne reste qu'un souffle sur mes joues,

Qui caresse.

Colères et peurs ouvrent leurs pauvres mains crispées.

Les cendres du passé s'envolent puis coulent dans une
joie libérée.
Mon âme, allégée vole et s'expanse.

*

Dans le rien silencieux de ce matin,
Je me vide de « moi ».

Déposée dans « je suis », en arrière-plan,
J'éclos avec lenteur.

Le corps, au repos de « je veux »,
Se détend.

Dans le souffle d'un amour infini,
Mon cœur s'émeut.

Tendresse d'un matin aimant,
Qui chamboule tout.

*

Quelque chose en moi, toujours a peur,

Jamais n'est serein,

Cherche indéfiniment,

Á dire, à faire, à apprendre, à comprendre.

Ne trouvant jamais la paix infinie du cœur.

Mais un jour, le cœur l'avale tout rond.

Comme la baleine avala Jonas.

Criant, hurlant.

À l'injustice !

À la violence !

Il pleure.

À grands bruits.

Il veut comprendre.

Il veut ! il veut ! Il veut…

Épuisé, désespéré, bercé par les vagues,

Dans cet immense ventre doux et chaud,

Il finit par se calmer,

Il finit par se sentir en sécurité,

Il finit par se sentir aimé.

Alors il fond, il disparaît,
Transfiguré par l'amour.

*

Mon corps, mon doux, mon tendre, mon merveilleux vaisseau.
Havre, refuge, cabane de plage parfois. Volcan, tremblement de terre et de terreur aussi.

Mon corps, mon doux, mon tendre, mon merveilleux hameau.
J'habite tes jardins, tes cours, tes fenêtres et tes vitraux. Je goûte à tes histoires, je goûte à tes parfums. J'apprends à aimer tes paysages, autrefois étrangers. Devant tes préférences, aujourd'hui je fais révérence et je te remercie. Si tu es mon courroux, tu es ma joie aussi.

Tissé de soie, de chagrins, de cendres, de houle et de sel marin, en toi je hume et je rugis les couleurs de la vie. Merci. Merci.

Entre tigre et souris, ami, je te choisis.

Mon corps, mon cœur, mon doux, mon merveilleux châ-

teau.

Un jour le vent soufflera, et hop !

Tu redeviendras sable fin de paradis.

*

Les mots, parfois, déplient le poids des choses.

Ils pleuvent sur la sècheresse d'une émotion laissée à

l'abandon.

Ils soulèvent le tas de feuilles mortes qui recouvre le vrai.

Ils font danser la boue qui hurle au fond du corps.

Pas sages, les mots par moment,

Entrent par erreur et sautent à pieds joints,

Dans une flaque d'oubli de soi.

Aujourd'hui, chez moi, ils sont une forêt en friche.

Un brouillon sans page ni encre qui m'invite à lâcher

prise,

Se raconte encore une vieille histoire...

Avec douceur, je pose mon cœur dans tous les bras du monde.
Remonte de mon âme la coulure d'une encre de sel sur le buvard de mon histoire.

*

Le cri du corps dans la déchirure de ce matin.
Une chair qui hurle dans le vide d'une caresse manquante.
L'amertume de la mère défaillante.
Le corps livré à lui-même dans ses soubresauts et ses tensions.
De rages et de désespoirs.

Dans la tasse d'un thé chaud s'ouvre une parcelle d'infini.
À travers le carreau sali par les mains d'une enfance blessée,
Tu apparais.
Inattendue, oubliée.

Corps-cathédrale, yeux de vitrail,

Lumière éternelle dans un rayon de jour.

*

Ce matin de pluie est une bénédiction qui vient laver les

vitres de mon âme.

Clarté.

Une humidité rafraichît le corps.

Ce thé, que j'aime boire, dans ma tasse chinoise.

La main qui s'en saisit, habituée, ne tremblant pas, sa-

chant où elle va, précise.

Cette intime connaissance du geste, quelle beauté !

C'est curieux, aujourd'hui je m'émerveille d'un rien.

Qu'est-ce vraiment que vivre, sinon ces immenses ins-

tants de rien ?

*

Je m'assieds dans la fonte des neiges

Je laisse couler des glaciers tendus et crispés

Mon centre se vide

Je m'y depose

*

Ce jour imbibé de poésie avale doucement la pluie.

Quelques gouttes sont restées accrochées aux barreaux

de sa nuit.

Je suis assise près du balcon :

un miroir entre ciel et terre,

suspendu au cordage infini et intermittent de la pluie.

Ce matin se réveille en plein vent et tombe dans une con-
versation houleuse entre trois arbres. Il y a aussi le dis-
cours joyeux d'un merle affairé, et le printemps qui n'en
fait qu'à sa tête.

Ailleurs, une tasse chinoise remplie de thé chaud et d'im-
mobilité tranquille.

Les fleurs qui se concertent et finalement prennent la parole.

Le chat, attentif, s'endort et rêve.

Tout bascule en un instant :

Éblouie, la lumière prend le dessus et se répand partout.

Le balcon, le merle, les arbres, les fleurs et le chat sont balayés dans un rayon blanc et doré.

Reste le thé, suspendu dans sa tasse chinoise.

La conscience émue range tout dans le secret d'un mystère aimant,

Dans le chaos miraculeux de la naissance des mondes.

L'âme en poésie accouche de ce matin si frais, tout clair et tout joyeux.

*

Avril est dans sa robe de soleil.

Sur ma peau danse une joie de lumière.

Assise dans la douceur de ce réveil solaire, le chaos des
émotions prend la place centrale.

Blessures du passé ouvertes, je libère la misère, la peur,
la colère, la tristesse, le charnier de mes derniers espoirs :
illusions qui tissent rancœur et désespoir.

Les perles de beauté matinale illuminent le jardin de mon
âme qui se réjouit, dans sa désillusion, de laisser mourir
encore quelques haillons.

L'âme à nu éclairée dans les larmes d'un cœur délivré,
reçoit une douche d'amour et de vie.

Dans la grâce de cet instant béni,
Arrive un mot :

Merci.

*

Certains jours c'est l'insomnie qui se lève.

Lassée d'être allongée, la fatigue s'assied.

Dans des débris de nuit, le corps lourd boit le repos du jour.

Ce matin a un goût de plein air.

Mon corps s'envole dans le chant des oiseaux.

Mon cœur palpite avec la mésange affairée.

L'âme enchantée, je me sens aimée.

*

Le camélia, altier, soupire un silence laiteux et parfumé. Deux bras fatigués de tenir une beauté princière, deux jambes qui plongent dans l'eau et deux petits pieds délicatement posés au fond du vase. Il semble s'ennuyer d'une vie sans intérêt. Sa robe un peu usée, sa tête un peu penchée.

Je te laisse là camélia d'un autre temps où l'ennui était une balade, où flâner était un sentiment raffiné. Merci

pour la leçon de vie. Je prends tout, j'emporte ton par-
fum, ta flânerie.

*

Ce matin tapisse mon cœur de sa robe de silence.

Le corps léger je suis assise dans la tendresse d'une sen-
sation de douceur.
Le rien s'invite et ouvre un espace.
Je disparais dans une absence infiniment présente.

La fonte du moi dans le grand livre du soi.
Immersion, cœur immobile dans le palpitant de la vie.
L'amour coule sur ma joue.
Plus rien ne s'attend, plus rien ne s'espère.

Juste une fragilité
Qui s'offre, telle quelle.
Juste une fragilité
Qui se respire à l'infini d'un amour insatiable d'aimer.

La grâce du moment

Juste à l'instant.

Juste à l'instant.

*

Il n'y a parfois plus rien à dire en tant qu'adulte. Un mot
de plus serait l'arbre qui cache une forêt de dépression
infantile. Une forêt de sensibilité. Meurtrie ou bannie,
dépréciée ou interdite, malmenée ou ignorée.
Il n'y a parfois plus rien à faire en tant qu'adulte.

Il n'y a parfois plus que soi pour accueillir l'autre. L'autre
qui est en moi. Cet enfant tout de sensibilité, taiseux ou
hurlant, blessé ou souffrant, délaissé, ignoré ou nié.
Il y a parfois un trop plein de son manque, qui n'est plus
qu'un vide silencieux.

S'asseoir avec l'enfant, le prendre sur ses genoux, lui ca-
resser les cheveux et le cœur, envelopper ses épaules et
son âme.

Rendre les armes de la lutte infernale de le vouloir calme et docile.

Rendre les larmes à l'océan d'amour qui nous relie à l'enfance de nos vies.

Respirer ensemble, à genoux devant nos souffrances de guerrières et de guerriers.

Relever nos cœurs en bannières envers l'intime de soi, cette si puissante vulnérabilité de l'enfant innocent que nous avons été.

Oser la patience dans notre manque face à l'impulsivité de nous remplir.

Oser l'intériorité dans le mal-être face aux croyances illusoires d'un soulagement extérieur.

Oser la progressive frustration d'un remplissage externe face à la tyrannie de l'émotion infantile qui nous agit et nous agite.

*

Une tasse de silence, un parfum de bergamote, le ciel resplendissant.

Matin clinquant de soleil frais.

Je m'assieds, indifférente à une nuée de pensées.

Je bois une gorgée d'amertume légère, le soleil me tend la joue.

Je l'embrasse.

Ce plaisir fou de me sentir aimée, caressée sur le visage et sur les bras, par l'astre et le mystère.

Ce plaisir fou de me sentir en vie, immobile et lucide.

Je m'assieds plus loin à l'intérieur, plus profond que le pépiement des oisillons, là où décantent les affaires du monde, dans une vallée où coule une clarté.

Mon cœur plein d'émotions se vide avec douceur.

J'arrive.

Le corps enfin se dépose.

Dans l'espace, libéré une détente apparait.

Une plénitude s'installe.

*

Une broussaille de rêves

Une volée de pollen

Une grâce me sort de la nuit

Claire et impromptu

Une clarté rare s'invite

Plongeon dans l'eau limpide

Plus rien d'autre

Glissade entre les multiples feuilles de la conscience dé-
ployée

Visite en d'autres vibrations

Aux densités variées

Espaces ouverts puis refermés

Conscience aimante est taquine !

S'amuser

Tout est lit d'amour

En ce matin doux

Sans sérieux ni danger

L'ego peut s'allonger

*

Ce chat est un maître.

Quand il ne fait rien, il ne fait rien.

Il ne dort pas,

Il reçoit la vie.

Il veille, il ronronne,

Puis s'assoupit.

Repus de sensations, il s'abandonne au repos.

Maîtriser le mouvement, maîtriser le repos, telle est la sa-
gesse du chat.

*

J'ai cru que je savais. J'ai cru que je pouvais. J'ai cru que
je connaissais. J'ai cru en ma propre force, en ma propre

volonté, en mes propres pensées, en mes propres savoirs, en mes propres idées. J'ai cru en d'autres hommes, en d'autre femmes, en d'autres pensées, croyances, idéaux, projets, savoir-faire, performances, techniques et méthodes. J'ai cru en des livres, en des images, en des mirages. J'ai cru en des rêves, en des histoires, en des couleurs, en des magies, en des pouvoirs. J'ai cru en des mondes et en des galaxies, lointaines et imaginaires. J'ai cru en des pratiques, en des défis, en des religions, et même en des guerres parfois. J'ai cru ce que j'ai vu, j'ai cru ce que j'ai entendu, j'ai cru ce que j'ai dit.
Je t'ai cru, je vous ai cru, je nous ai cru.

Et puis je suis tombée.

Je suis tombée dans mon absence. Je suis tombée dans mes lambeaux, je ne voyais pas que j'en étais au berceau. Je suis tombée, marchant comme une morte qui se croyait vivre. Je suis tombée du haut de mes échasses d'arrogance camouflant mes souffrances. Je suis tombée au sol de ma détresse, en plein cœur de l'enfance.
Je suis tombée de haut car mes yeux et mes oreilles, accrochés aux chimères, avaient quitté mon cœur.

Je suis tombée dans le bruit du moteur emballé de mes grandes idées.

Je suis tombée à terre.

Sous terre.

J'ai rencontré le noir, le vide, le désespoir.

Puis,

Enfin,

Libérée du besoin de croire et de la rage d'espérer,

Au pays de « je ne sais pas », je suis arrivée.

Ici, la terre est fertile, elle danse sous mes pieds, elle fait vibrer mon corps, elle fait chanter mon cœur. Au pays de « je ne sais pas » je vis dans la soro-fraternité.

*

Novembre a vidé ce matin

Plus de désirs de m'échapper en vain

Au cœur d'un présent incertain

Ce matin n'a pas de parfum.

Dans ce clair léger il y a « rien ».

Les pensées tombent sans s'accrocher

Comme des petits pains sans levain

Je suis assise dans ce poids léger.

L'océan magnifique

Depuis la conscience cosmique

Nos corps s'emplissent de lumière

Cette énergie coule comme de l'or.

Là, au-dedans de la poitrine

Dans un retournement

Son creux devient montagne au firmament.

Ce matin me respire encore

Je me laisse aller dans son décor

Le pied léger l'âme légère

Je laisse mes vieux repères au vestiaire.

J'aborde mes cinquante-neuf ans

Avec mon âme d'enfant

Le pied dansant le cœur chantant

Un seul souhait : désirer mon présent.

*

Aimer.

Aimer à trembler, à avoir la chair de poule, à pleurer d'émotion dans le regard de l'autre. Aimer à désirer si fort que plus rien n'a de place, que tout est une grâce.

L'amour est une confiance qui a su rencontrer et embrasser toutes les souffrances.
Qui a même su les illuminer.

Aimer est une mansuétude.

*

Parfois le chaos, parfois l'harmonie.
Parfois la foudre, parfois le calme.

*

Prendre du temps

Prendre le temps

Prendre un temps

S'installer au centre

Y rester

Ne pas éviter

Ne pas tergiverser

Ne plus bouger

Oser

Rester

C'est tout

*

Merci pour le désir, merci pour le plaisir, merci pour l'amour, merci pour les rires, merci pour les sourires, merci pour la liberté, merci pour la joie de vivre, merci pour les baisers, merci pour les escapades, merci pour le pétillement de la vie, merci pour les grands et les petits bonheurs, merci pour les balades, merci pour les mains douces, merci pour les caresses, merci pour les compliments, merci pour les mots doux, merci pour les danses, merci pour les nuits, merci pour les jours, merci pour les oui, merci pour les sorties, merci pour les regards éperdus, merci pour le temps passé dans nos rêves, merci pour les chahuts, les chaos, les larmes et les soupirs.

Merci pour les confidences, merci pour la confiance, merci pour la beauté, merci…merci.

Merci !

*

www.sophieguenin.com

contact@sophieguenin.com